# Java

# Premessa

Probabilmente hai sentito dire che la programmazione informatica è qualcosa di incredibilmente difficile. Richiede una laurea in informatica, un sacco di soldi per hardware e software, una mente analitica brillante, tanta pazienza e tanta caffeina. E se ti dicessi che non è proprio così?

Programmare è più facile di quanto si possa pensare, nonostante ciò che i programmatori hanno voluto far credere per anni. Questo è un ottimo momento per imparare a programmare perché vengono resi disponibili innumerevoli strumenti di programmazione in modo gratuito sul Web. Migliaia di programmatori distribuiscono il loro lavoro open source in modo che altre persone possano esaminare come è stato scritto il software, correggere eventuali errori ed apportare miglioramenti.

È un ottimo momento per imparare a programmare in Java semplicemente perché è il linguaggio più usato. Miliardi di dispositivi usano Android, un sistema operativo le cui app sono tutte scritte in Java o linguaggi basati su Java. Se usi un telefono Android, sfrutti Java ogni giorno quando guardi un film, ascolti la radio in streaming o usi i social network.

Questo e-book ha lo scopo di insegnare la programmazione Java a tre tipi di persone:

1. Principianti che non hanno mai provato a programmare prima
2. Principianti che hanno provato a programmare ma che odiano farlo

3. Coloro che conoscono un altro linguaggio di programmazione e voglio imparare in modo rapido Java

Per raggiungere questo obiettivo, useremo il linguaggio naturale il più possibile al posto del gergo tecnico. Tutti i nuovi termini di programmazione saranno evidenziati e spiegati.

Alla fine di questo e-book sarai in grado di scrivere programmi, immergerti in lezioni di programmazione, leggere libri tecnici con maggiore sicurezza e apprendere nuovi linguaggi in modo più facile. Avrai anche delle competenze in Java, fondate su solide basi. Forniremo un'introduzione alla programmazione in modo da spiegare perché Java è così popolare e poi ci immergeremo nella programmazione.

# Capitolo 1
## Programmi

Un programma per computer, chiamato anche software, è un modo per dire ad un computer di eseguire un'attività. Tutto ciò che fa il computer, dall'avvio allo spegnimento, viene eseguito da un **programma**. Mac OS X è un programma; Minecraft è un programma; il software che controlla la stampante è un programma; anche Windows è un programma.

I programmi per computer sono costituiti da un elenco di comandi gestiti dal computer in un ordine ben definito durante l'esecuzione del programma e ogni comando è detto **istruzione**. Ogni riga di un programma corrisponde ad un comando quindi ad un'istruzione.

In linguaggi come il BASIC, i numeri delle righe vengono utilizzati per mettere le istruzioni nell'ordine corretto mentre altri linguaggi come Java non usano i numeri delle righe bensì modi diversi per comunicare al computer come eseguire un programma.

Essendo noi stessi a scrivere i programmi, non è possibile incolpare il computer quando qualcosa va storto durante l'esecuzione del programma. Il computer fa esattamente quello che gli diciamo di fare, quindi la colpa di eventuali errori di solito ricade sul programmatore. Questa è una cattiva notizia ma vi è anche una buona notizia: non puoi fare alcun danno permanente. Puoi sperimentare come preferisci con Java, non si tratta di esperimenti di laboratorio con attrezzature e kit di preparazione costosissimi. Puoi installare Java sul tuo PC, installare un ambiente di sviluppo e iniziare a programmare.

# In Java

La raccolta di istruzioni che compongono un programma per computer è chiamata **codice sorgente**. La maggior parte dei programmi per computer sono scritti nello stesso modo in cui si scrivono le e-mail, digitando ciascuna istruzione in una finestra di testo. Alcuni strumenti di programmazione sono dotati di un proprio editor di codice sorgente e altri possono essere utilizzati con qualsiasi editor di testo.

Al termine della scrittura di un programma per computer, il file viene salvato sul disco. I programmi per computer hanno spesso la propria estensione per indicare il tipo di file, i programmi Java, ad esempio, devono avere l'estensione .java, come in Esempio.java. Per eseguire un programma che hai salvato come file, hai bisogno di aiuto e questo dipende dal linguaggio di programmazione che stai utilizzando. Alcuni linguaggi richiedono un interprete per eseguire i propri programmi, altri un compilatore.

L'interprete esamina ogni riga di un programma e la esegue, quindi procede alla riga successiva. Il più grande vantaggio dei linguaggi interpretati è che sono più veloci da testare. Quando si scrive un programma, è possibile provarlo immediatamente, correggere gli errori e riprovare. Lo svantaggio principale, invece, è che funzionano più lentamente di altri programmi perché ogni riga deve essere tradotta in istruzioni che il computer può eseguire, una alla volta.

Altri linguaggi di programmazione richiedono un compilatore che ha il compito di recuperare un programma e tradurlo in una forma che il computer possa capire. Inoltre, il programma viene eseguito nel modo più efficiente possibile. Il programma compilato può essere eseguito direttamente senza la necessità di un interprete. I programmi compilati vengono eseguiti in modo più rapido dei programmi interpretati ma richiedono più tempo per la fase di test. Devi scrivere il tuo programma e compilare il tutto prima di provare il codice e se trovi un errore e lo risolvi, devi compilare nuovamente il programma.

Java è insolito perché richiede sia un compilatore che un interprete. Il compilatore converte le istruzioni che compongono il programma in **bytecode**. Una volta che questo bytecode è stato creato correttamente, può essere eseguito da un interprete chiamato **Java Virtual Machine**. La Java Virtual Machine, chiamata anche JVM, è quello strumento che consente allo stesso programma Java di funzionare senza modifiche su diversi sistemi operativi e diversi tipi di dispositivi. La macchina virtuale trasforma il bytecode in istruzioni che il sistema operativo di un determinato dispositivo può eseguire.

Molti nuovi programmatori si scoraggiano quando iniziano a testare i loro programmi perché compaiono errori ovunque. Alcuni di questi sono errori di sintassi, che vengono identificati dal computer mentre legge il programma. Altri errori sono di tipo logico, che vengono rilevati dal programmatore solo quando il programma viene testato.

Quando inizi a scrivere i tuoi programmi, acquisisci anche una certa familiarità con gli errori, diventando parte naturale del processo di sviluppo. Gli errori di programmazione sono chiamati **bug**, un termine che risale a un secolo o più per descrivere errori nei dispositivi tecnici. Il processo di correzione degli errori viene chiamato **debug**.

# Capitolo 2
## Installazione

Per iniziare a scrivere dei programmi in Java, è necessario disporre di uno strumento di programmazione Java. Sono disponibili diversi programmi di questo tipo: a partire dalla *Java Development Kit* fino ai più sofisticati *Eclipse*, *IntelliJ IDEA* e *NetBeans*. Questi ultimi tre strumenti sono ciascuno un ambiente di sviluppo integrato (**IDE**) ovvero potenti strumenti utilizzati dai programmatori professionisti per svolgere il proprio lavoro.

Ogni volta che Oracle rilascia una nuova versione di Java, il primo strumento che la supporta è il Java Development Kit (JDK). Per creare i programmi in questo e-book, abbiamo usato la JDK versione 9 ma qualunque versione superiore dovrebbe garantire il funzionamento dei programmi creati.

La JDK è un insieme di strumenti da riga di comando gratuiti per la creazione di software Java. Manca completamente un'interfaccia grafica quindi, se non hai mai lavorato in un ambiente non grafico come il prompt dei comandi di Windows o l'interfaccia della riga di comando di Linux, troverai difficile usare la JDK.

NetBeans, offerto gratuitamente da Oracle, è un modo molto più semplice per scrivere e testare il codice Java rispetto alla cruda JDK. Questo strumento include un'interfaccia grafica, un editor di codice sorgente, delle funzionalità per disegnare interfacce utente e un gestore di progetti.

Ogni IDE funziona a complemento della JDK eseguendo i suoi comandi dietro le quinte quindi è necessario disporre di entrambi gli strumenti sul sistema quando si inizia a sviluppare programmi Java. La maggior parte dei programmi di questo e-book sono stati creati con NetBeans, che è possibile scaricare e installare insieme o separatamente dalla JDK.

Nota bene che non è obbligatorio usare NetBeans per replicare gli esempi forniti in questo e-book, sei libero di utilizzare Eclipse, IntelliJ IDEA, Atom o addirittura editor di testo come Sublime o Notepad++.

Se hai già installato un IDE per altri linguaggi, verifica se può essere usato anche per sviluppare in Java. Alcuni strumenti come IntelliJ IDEA consentono di programmare in diversi linguaggi semplicemente aggiungendo un plug-in. In caso contrario collegati all'indirizzo https://netbeans.org/ infatti sebbene NetBeans abbia funzionalità avanzate che richiedono tempo per l'apprendimento, semplifica molto la creazione e l'esecuzione di semplici applicazioni scritte in Java.

Sino ad ora ti è stato presentato il concetto di programmazione di un computer, hai anche imparato qualcosa in più sul funzionamento di Java.

Se sei ancora confuso su programmi, linguaggi di programmazione o Java in generale, non farti prendere dal panico. Tutto inizierà ad avere un senso a partire dal prossimo capitolo, che ti guiderà nel processo di creazione di un programma Java.

# Capitolo 3
## Hello World

Con la maggior parte dei linguaggi di programmazione, i programmi per computer vengono scritti inserendo il testo in un editor di testo (chiamato anche editor di codice sorgente). NetBeans include un proprio editor per la scrittura di programmi Java che, essenzialmente, sono semplici file di testo senza alcuna formattazione (non hanno testo centrato o testo in grassetto).

L'editor del codice sorgente di NetBeans funziona come un semplice editor di testo con alcuni utili miglioramenti per i programmatori. Il testo trasforma in colori diversi il codice durante la digitazione per identificare diversi elementi o parole chiave del linguaggio. NetBeans effettua il conteggio delle righe e fornisce un'utile documentazione all'interno dell'editor. Poiché i programmi Java sono file di testo, è possibile aprirli e modificarli con qualsiasi editor di testo. È possibile scrivere un programma Java con NetBeans, aprirlo con *Blocco Note* di Windows e apportare modifiche per poi riaprirlo successivamente in NetBeans senza problemi.

Il primo programma Java che creerai mostrerà un benaugurante saluto nel mondo dell'informatica: "Hello World!".

Per preparare il primo progetto in NetBeans, se non l'hai ancora fatto, crea un nuovo progetto assegnando un nome a scelta seguendo questi passaggi:

1.  Scegli il comando di menu *File, Nuovo progetto* in modo da aprire la relativa finestra di dialogo;

2. Scegli la categoria di progetto *Java* e il tipo di progetto *Applicazione Java*, quindi fai clic su *Avanti*;

3. Digita il nome del progetto;

4. Deseleziona la casella di controllo *Crea classe principale*;

5. Fai clic su *Fine*.

Il progetto sarà creato nella sua cartella con il nome scelto. Puoi usare questo progetto per tutti i programmi Java proposti in questo e-book.

Il progetto verrà visualizzato nel riquadro *Progetti* accanto a un segno + che serve per vedere i file e le cartelle contenuti nel progetto. Per aggiungere un nuovo programma Java al progetto attualmente aperto, selezionare *File*, *Nuovo file*.

Il riquadro *Categorie* elenca i diversi tipi di programmi Java che è possibile creare, fai clic sulla cartella *Java* in questo riquadro per visualizzare i tipi di file che appartengono a questa categoria. Per questo primo progetto, seleziona il tipo di file *Empty Java* e fare clic su *Avanti*.

Ci verranno richiesti il nome della classe e il nome del pacchetto, inseriamo rispettivamente Saluto e com.esercizio.

Dopo aver completato questi passaggi il risultato sarà una classe simile alla seguente:

```java
package com.esercizio;

class Saluto {
 public static void main(String[] arguments) {
  // Il mio primo programma Java
 }
}
```

Assicurati che le lettere maiuscole e minuscole siano esattamente come mostrato nell'esempio e usa la barra spaziatrice o il tasto Tab per inserire gli spazi vuoti davanti alle righe. A questo punto, il file Saluto.java contiene lo scheletro di un programma Java.

# Analisi del programma

Un package è un modo per raggruppare insieme i programmi Java. La prima riga del file precedente indica al computer di impostare com.esercizio come nome del pacchetto del programma.

Dopo una linea vuota troviamo il nome della classe e ti ricordo che ogni istruzione che dai a un computer è chiamata istruzione. L'istruzione class è il modo in cui dai un nome al tuo programma e viene anche utilizzata per determinare altre cose sul programma stesso, come vedrai in seguito.

Un programma Java deve avere un nome che corrisponda alla prima parte del suo nome file, la parte prima del "." e dovrebbe essere scritto nello stesso modo. Ad esempio, il file Saluto.java deve contenere una classe di nome Saluto. Se il nome del programma non corrisponde al nome del file, viene visualizzato un errore quando si tenta di compilare, a seconda di come viene utilizzata l'istruzione class per configurare il programma.

La riga successiva è fondamentale:

public static void main(String[] arguments) { Questa riga può essere tradotta come: "La parte principale del programma inizia qui". I programmi Java sono organizzati in diverse sezioni, quindi deve esserci un modo per identificare la parte di un programma che viene eseguita per prima durante l'esecuzione. L'istruzione main è il punto di accesso alla maggior parte dei programmi Java, ad eccezione delle applet, dei programmi eseguiti su una pagina Web e qualche altro caso. Per differenziarli da questi altri tipi, i programmi eseguiti direttamente sul tuo computer sono chiamati **applicazioni**.

Nel programma che abbiamo scritto, le righe 3, 4, 6 e 7 contengono delle parentesi graffe aperte ({) o chiuse (}). Queste parentesi sono un modo per raggruppare le righe del tuo programma (allo stesso modo in cui le parentesi sono usate in una frase per raggruppare delle parole). Tutto ciò che è racchiuso tra la parentesi graffa aperta e quella chiusa fa parte dello stesso gruppo, questi raggruppamenti sono chiamati **blocchi**.

I blocchi possono essere posizionati all'interno di altri blocchi (proprio come in questa frase vengono utilizzate le parentesi (e qui viene utilizzato un secondo insieme di parentesi)).

Il programma creato ha parentesi sulla linea 4 e sulla linea 6 che stabiliscono un altro blocco. Questo blocco inizia con l'istruzione main.

Le righe all'interno del blocco dell'istruzione main verranno eseguite all'avvio del programma.

L'unica riga che non abbiamo ancora analizzato è la più semplice ovvero:

// Il mio primo programma Java

Questa linea è una sorta di segnaposto infatti il simbolo // dice al computer di ignorare tutto quello che segue su quella riga perché è stata inserita nel programma solo a beneficio di coloro che guardano il codice sorgente. Le righe che servono a questo scopo sono chiamate **commenti**.

In questo momento, hai scritto un programma Java completo infatti può essere compilato senza errori ma, se lo esegui, non succede nulla. Il motivo è che non hai ancora detto al computer di fare qualcosa. Il blocco di istruzioni main contiene solo un singolo commento, che, tra l'altro, viene ignorato dal computer. È necessario aggiungere alcune istruzioni tra le parentesi del blocco main.

# Memorizzare informazioni

Nei programmi che scrivi, hai bisogno di un luogo dove conservare le informazioni per un breve periodo di tempo. Puoi farlo usando una **variabile** cioè una parte di memoria che può contenere informazioni come numeri interi, numeri in virgola mobile, valori vero o falso, caratteri e righe di testo. Le informazioni memorizzate in una variabile possono cambiare, ed è così che si ottiene il nome "variabile".

Nel file Saluto.java, sostituisci la riga 5 (quella con il commento) con la seguente:

```java
String benvenuto = "Hello World!";
```

Questa istruzione dice al computer di memorizzare il testo "Hello World!" in una variabile chiamata benvenuto. In un programma Java, è necessario indicare al computer quale tipo di informazioni conterrà una variabile. In questo programma, il messaggio di benvenuto è una stringa: una riga di testo che può includere lettere, numeri, punteggiatura e altri caratteri.

Inserendo String nell'istruzione si imposta la variabile per poter contenere i valori di tipo stringa.

Nota bene che questa istruzione nel programma include un punto e virgola alla fine della riga. Il punto e virgola termina ogni istruzione in un programma Java e possiamo compararlo al punto alla fine di una frase. Il computer utilizza questo carattere di terminazione per determinare quando termina un'istruzione ed inizia quella successiva.

Se esegui il programma a questo punto, sembra comunque che non accada nulla. Il comando per memorizzare il testo nella variabile di benvenuto viene eseguito dietro le quinte. Per fare in modo che il computer mostri che sta facendo qualcosa, è possibile visualizzare il contenuto di quella variabile.

Inserisci un'altra riga vuota nel programma dopo aver dichiarato il messaggio di benvenuto ed inserisci la seguente istruzione:

```
System.out.println(benvenuto);
```

Questa istruzione indica al computer di visualizzare il valore memorizzato nella variabile benvenuto. L'istruzione System.out.println() consente al computer di visualizzare le informazioni sulla console del dispositivo di output: il monitor.

Ecco come si presenta il programma funzionante:

```java
package com.esercizio;

class Saluto {
 public static void main(String[] arguments) {
  String benvenuto = "Hello World!";
  System.out.println(benvenuto);
 }
}
```

Probabilmente fino ad ora hai eseguito il programma premendo il tasto "Run" dell'IDE. In realtà, prima di poter eseguire un programma Java, è necessario compilarlo e, in fase di compilazione, le istruzioni fornite al computer nel programma vengono convertite in una forma che il computer può comprendere meglio.

NetBeans compila i programmi automaticamente non appena vengono salvati. Se il tuo programma è simile a quello mostrato sopra, il programma verrà compilato correttamente. Automaticamente verrà creata una versione compilata del programma ovvero un nuovo file chiamato Saluto.class. Tutti i programmi Java sono compilati in file di classe, a cui viene data l'estensione .class.

Un programma Java può essere composto da diverse classi che lavorano insieme, ma in un programma semplice come questo è necessaria solo una classe.

Il compilatore trasforma il codice sorgente Java in bytecode ovvero un modulo che può essere eseguito dalla Java Virtual Machine (JVM).

# Identificare gli errori

La potenza di un IDE ti consente di essere più produttivo e soprattutto identificare in modo rapido gli eventuali errori.

In fase di battitura ho scritto queste righe:

```java
String benvenuto = "Hello World!";
System.out.println(bevenuto);
```

Riesci a identificare l'errore? L'errore è un classico errore di battitura nel nome della variabile, che dovrebbe essere benvenuto invece di bevenuto. Prova a replicare questo errore per vedere come si comporta il tuo IDE, dovresti vedere delle finestre di dialogo che ti comunicano l'errore.

Quando incontri errori di questo tipo, assicurati che le lettere maiuscole e minuscole siano corrette e che tutti i caratteri necessari, come parentesi graffe, tonde e punti e virgola, siano inclusi.

# Capitolo 4
## Tipi di variabili

Nel programma precedente abbiamo memorizzato una sequenza di lettere in una variabile. Le informazioni memorizzate nelle variabili possono essere modificate durante l'esecuzione di un programma. Le stringhe sono solo uno dei tipi di informazioni che possono essere archiviate nelle variabili, che possono anche contenere caratteri, numeri interi, numeri in virgola mobile e oggetti.

Sappiamo bene cosa sono le istruzioni e i blocchi ma quando le istruzioni sono di tipo matematico diventano **espressioni**. Un esempio di espressione è la seguente riga:

```
int prova = 7 * 4;
```

Le variabili sono il modo principale con cui un computer ricorda qualcosa durante l'esecuzione di un programma. In un programma Java, le variabili vengono create con un'istruzione che deve includere due cose: il nome della variabile ed il tipo di informazioni che la variabile memorizzerà.

La dichiarazione di una variabile può includere anche il valore delle informazioni archivlate.

Per vedere i diversi tipi di variabili e il modo in cui vengono create, avvia NetBeans e crea un nuovo file Java con il nome della classe Variabile.

# Interi e Reali

Finora il programma Variabile ha solo un blocco main() che non contiene alcuna istruzione, si tratta dello scheletro dell'applicazione.

Inserisci la seguente dichiarazione:

int ruote;

Questa istruzione crea una variabile denominata ruote che non specifica un valore, quindi per il momento questa variabile è uno spazio di archiviazione vuoto.

Il testo int all'inizio dell'istruzione indica che la variabile sarà utilizzata per memorizzare numeri interi. È possibile utilizzare il tipo int per memorizzare la maggior parte dei numeri non decimali necessari nei programmi per computer. Questo tipo di variabile può contenere qualsiasi numero intero compreso tra circa -2,14 miliardi e 2,14 miliardi.

Aggiungi una riga vuota dopo l'istruzione appena inserita e aggiungi la seguente istruzione:

float motore;

Questa istruzione crea una variabile con nome motore mentre il testo float indica che conterrà numeri in virgola mobile. Le variabili a virgola mobile vengono utilizzate per memorizzare numeri che potrebbero contenere un punto decimale. Il tipo di variabile float contiene numeri decimali fino a 38 cifre mentre il tipo double è più grande e può contenere numeri decimali fino a 300 cifre.

# Caratteri e Stringhe

Come abbiamo visto nel capitolo precedente è possibile utilizzare le variabili per memorizzare il testo. Due tipi di testo possono essere memorizzati come variabili: caratteri e stringhe.

Un carattere è una singola lettera, numero, segno di punteggiatura o simbolo mentre una stringa è un gruppo di caratteri. Il prossimo passo nella creazione del programma Variabile è quello di creare una variabile char e una variabile String.

Aggiungi queste due istruzioni dopo la riga dove abbiamo definito il float:

```
char tipo = 'S';
String marchio = "Audi";
```

Come avrai notato, queste due istruzioni usano simboli diversi attorno ai propri valori. Quando si utilizzano i caratteri, è necessario inserire delle virgolette singole su entrambi i lati del valore assegnato ad una variabile. Per le stringhe è necessario racchiudere il valore tra virgolette doppie.

Le virgolette impediscono che il carattere o la stringa vengano confusi con il nome di una variabile o un'altra parte delle istruzioni. Dopo aver aggiunto le istruzioni con char e String, il programma dovrebbe assomigliare a questo:

```java
package com.esercizio;


class Variabile {
  public static void main(String[] arguments) {
    int ruote;
    float motore;
    char categoria = 'S';
    String marchio = "Audi";
```

```
    }
}
```

Nell'esempio le ultime due variabili nel programma Variabile usano il segno = per assegnare un valore iniziale quando le variabili vengono create. Puoi usare questa opzione per tutte le variabili che crei in un programma Java.

I tipi di variabili che sono stati introdotti finora sono quelli principali e che userai per la maggior parte della programmazione in Java. È bene sapere che ci sono altri tipi meno comuni: uno di questi è byte, che contiene numeri interi che spaziano da -128 a 127.

Il secondo, short, può essere utilizzato per numeri interi di dimensioni inferiori rispetto al tipo int. Un numero di tipo short può variare da -32.768 a 32.767.

L'ultimo dei tipi di variabili numeriche, long, viene utilizzato per numeri interi troppo grandi da contenere per il tipo int. Un intero long può variare da -9,22 quintilioni a 9,22 quintilioni che è un numero molto ma molto grande.

## Booleani

Java dispone di un tipo di variabile chiamata boolean che può essere utilizzata solo per memorizzare il valore vero o il valore falso. A prima vista, una variabile booleana potrebbe non sembrare particolarmente utile, tuttavia, le variabili booleane vengono utilizzate molto spesso nei programmi.

Supponiamo di voler continuare con la creazione di un oggetto di tipo "Automobile", abbiamo dichiarato alcuni valori come ruote, motore, categoria e marchio. Potremmo utilizzare i valori booleani per effettuare dei controlli e vedere se l'auto ha tutto il necessario:

```java
boolean haVolante = false;
boolean haMotore = true;
```

Vedremo in seguito come questi valori booleani sono fondamentali per modificare il normale flusso d'esecuzione di un programma.

## Nome delle variabili

I nomi delle variabili in Java possono iniziare con una lettera, un carattere underscore (_) o il simbolo del dollaro ($). Il resto del nome può essere qualsiasi lettera o numero.

Puoi dare alle tue variabili quasi tutti i nomi che ti piacciono, ma accertati che siano coerenti tra loro.

Nota bene che Java fa distinzione tra maiuscole e minuscole quando si tratta dei nomi delle variabili, è necessario utilizzare sempre le maiuscole nello stesso modo. Ad esempio, se la variabile haVolante viene referenziata con HaVolante da qualche parte nel programma, si genererà un errore che impedirà la compilazione del programma.

Il nome di una variabile dovrebbe descrivere il suo contenuto in qualche modo. Per convenzione, la prima lettera deve essere minuscola e se il nome della variabile ha più di una parola, si trasforma la prima lettera di ogni parola successiva in maiuscolo. Questa convenzione è detta camelCase, esiste anche un'altra convenzione che usa un underscore

(_) per separare le parole ed è detta snake_case.

Se provi ad inserire un nome di variabile non valido in un programma, NetBeans risponderà segnalando l'errore con un'icona rossa accanto alla linea dove si è verificato l'errore. Anche le parole chiave di Java, come public, class, true, false ecc. non possono essere utilizzate come nomi di variabili. Java 9 ha aggiunto un'altra limitazione: un nome di variabile non può essere un singolo carattere underscore (_).

# Capitolo 5
## Operatori

Le istruzioni possono usare espressioni matematiche impiegando gli operatori +, -, *, / e %. Questi operatori vengono utilizzati per manipolare i numeri in tutti i programmi Java. Un'addizione in Java utilizza l'operatore +, come vedi in queste istruzioni:

```
int peso = 25;
peso = peso + 15;
```

La seconda istruzione utilizza l'operatore + per impostare la variabile peso uguale al valore corrente più 15 unità. Tutti gli altri operatori matematici possono essere usati allo stesso modo:

```
int peso = 25;
```

```
// Sottrazione
peso = peso - 10;


// Moltiplicazione
peso = peso * 2;


// Divisione
peso = peso / 5;


// Modulo
peso = peso % 5;
```

Per trovare il resto di una divisione, si può utilizzare l'operatore % detto anche **operatore modulo**. Nell'esempio si avrà il risultato di peso % 5 pari a 1 perché prima vengono eseguite tutte le operazioni precedenti a partire dal peso pari a 25.

# Incremento e decremento

Assumiamo che un'attività nel tuo programma stia cambiando il valore di una variabile di un'unità. È possibile aumentare il valore di un'unità ovvero **incrementare** la variabile o, diminuire il valore di un'unità quindi **decrementare** la variabile.

Ci sono operatori per svolgere entrambe le attività infatti per incrementare il valore di una variabile si usa l'operatore ++, come nella seguente istruzione:

```
peso++;
```

Per decrementare una variabile di un'unità si usa l'operatore --:

```
peso--;
```

Esistono due forme per incrementare o decrementare una variabile, la **forma prefissa** e quella **postfissa**. Nel primo caso la variabile viene incrementata o decrementata prima di essere usata in un'espressione. Nel secondo caso la variabile viene incrementata dopo aver valutato l'espressione. Ecco un esempio per chiarire le idee:

```java
int x = 5, y = 5;
```

```java
System.out.println(++x); // stampa 6
System.out.println(x); // stampa 6
```

```java
System.out.println(y++); // stampa 5
System.out.println(y); // stampa 6
```

So bene che questo concetto non è semplice da capire e può portare un po' di confusione pertanto sappi che puoi raggiungere lo stesso obiettivo con il codice seguente:

```
x = x + 1;

// equivale a

x++;
```

# Precedenza degli operatori

Quando si utilizza un'espressione con più di un operatore, è necessario sapere quale ordine utilizza il computer nel momento in cui elabora l'espressione. Considera le seguenti affermazioni:

```
int y = 10;
x = y * 3 + 5;
```

A meno che tu non sappia quale ordine utilizza il computer quando risolve l'espressione matematica in questione, non puoi essere sicuro di quale sarà il risultato memorizzato nella variabile x. Potrebbe essere 35 oppure 80, a seconda che sia valutato per primo y * 3 o 3 + 5.

In realtà esiste un ordine di valutazione per eliminare eventuali dubbi:

1. L'incremento e il decremento vengono valutati per primi;
2. Successivamente si verificano la moltiplicazione, la divisione e l'operatore modulo;
3. Seguono addizione e sottrazione;
4. In seguito, ci sono gli operatori di confronto;
5. Per ultimo viene usato il segno di uguale = per impostare il valore di una variabile.

Poiché la moltiplicazione ha luogo prima dell'addizione, è possibile rivisitare l'esempio precedente e trovare la risposta: y viene prima moltiplicato per 3, quindi vengono aggiunte 5 unità. La variabile x sarà pari a 35.

Alla luce di ciò, dovresti essere in grado di capire il risultato delle seguenti istruzioni:

```
int x = 5;
int numero = x++ * 6 + 4 * 10/2;
```

Quale valore sarà memorizzato nella variabile numero?

Il valore sarà pari a 50 perché innanzitutto, viene gestito l'operatore di incremento e x++ imposta il valore della variabile x a 6.

Poiché si tratta di un operatore in forma postfissa verrà usato il valore originale di x e l'espressione diventa la seguente:

```
int numero = 5 * 6 + 4 * 10/2;
```

Adesso si ha 30 + 40/2, quindi si esegue la divisione e si ottiene 30 + 20 ovvero 50.

**Capitolo 6: Usare le stringhe**

I tuoi programmi Java sono in grado di fare tranquillamente il loro lavoro e di non fermarsi mai ma quando un programma deve comunicare, il modo più semplice per farlo è attraverso l'uso delle stringhe. I programmi Java usano le stringhe come mezzo principale per comunicare con gli utenti. Le stringhe sono raccolte di testo: lettere, numeri, punteggiatura e altri caratteri.

Abbiamo già visto come memorizzare una stringa o un carattere all'interno di una variabile ma come dobbiamo comportarci se vogliamo creare una stringa con una nuova riga o con un ritorno a capo?

Quando viene creata o visualizzata una stringa, il suo testo deve essere racchiuso tra virgolette doppie e Java dispone di un carattere speciale che può essere inserito in una stringa: (\).

Ogni volta che viene rilevato questo carattere in una stringa, esso assume un significato ben preciso come mostrato dalla tabella che segue:

| Carattere speciale | Cosa mostra |
| --- | --- |
| \' | Singolo apice |
| \" | Doppio apice |
| \\ | Backslash |
| \t | Tab |
| \b | Backspace |
| \r | Ritorno a capo |
| \n | Nuova riga |

Assumiamo che il programma Java consigli un paio di scarpe in base ai gusti dell'utente. Il programma potrebbe suggerire qualcosa del genere:

```java
System.out.println("Ti potrebbero piacere le scarpe Tod\'s");
// Ti potrebbero piacere le scarpe Tod's

System.out.println("Ti potrebbero piacere le seguenti scarpe: \n Tod\'s \n Gucci \n Hogan");
// Ti potrebbero piacere le scarpe:
// Tod's
// Gucci
// Hogan
```

Nota bene che abbiamo usato solo una volta la funzione println() che serve a scrivere una nuova riga nella console di output.

# Concatenare le stringhe

Quando si utilizza System.out.println() e si lavora con le stringhe in altri modi, è possibile unire due stringhe utilizzando l'operatore + cioè lo stesso operatore utilizzato per sommare dei numeri.

L'operatore + ha un significato diverso in relazione alle stringhe infatti non addiziona il contenuto delle stringhe ma lo unisce formando una nuova stringa, tale processo si chiama **concatenazione**.

La concatenazione di stringhe è molto utile perché al posto di inserire l'intera stringa su una sola riga, rendendo più difficile la comprensione del programma, puoi usare l'operatore + per spezzare il testo su due o più righe del codice sorgente Java.

Ecco un esempio:

```java
System.out.println("\"Siate affamati, siate folli.\"\n"
    + "\"Stay hungry, Stay foolish.\"\n"
    + "\t-- Steve Jobs, Apple\'s CEO");
```

In questo esempio puoi notare che ho usato diverse volte la concatenazione e il carattere speciale \ per riportare una famosa citazione di Steve Jobs.

Non puoi concatenare solo stringhe con l'operatore + ma anche altri tipi di variabili. Prendiamo in considerazione il codice seguente:

```java
int ruote = 4;
char tipo = 'S';
System.out.println("Il tipo " + tipo + " ha " + ruote + "ruote.");
```

Questo esempio mostra un aspetto unico di come l'operatore + lavora con le stringhe. Può far sì che le variabili che non sono stringhe vengano trattate come stringhe quando vengono visualizzate.

Il linguaggio Java offre questa funzionalità per facilitare la visualizzazione delle informazioni infatti il risultato di questo codice sarà:

Il tipo S ha 4 ruote.

# Funzioni utili

Attenzione, potresti pensare che sia possibile comparare due stringhe tramite il doppio uguale (==), come abbiamo già visto per numeri e caratteri. In realtà questo è un errore comune in Java, è necessario usare il metodo equals() invocato su una delle due stringhe.

Immaginiamo di dover implementare un quiz:

```java
String risposta = "Boxe";
System.out.println("In quale sport si è distinto
Muhammad Ali?");
System.out.println("Hai risposto " + risposta);
System.out.println("La tua risposta è " +
risposta.equals("Boxe"));
```

Il risultato di questo codice è:

In quale sport si è distinto Muhammad Ali?

Hai risposto Boxe

La tua risposta è true

Sarebbe meglio vero o falso piuttosto che un valore booleano ma vedremo a breve come usare dei costrutti che ovviano a questo problema.

Abbiamo parlato di metodo ma cos'è esattamente? Un metodo è un modo per eseguire un'attività in un programma Java. Il compito di questo metodo, ad esempio, è determinare se una stringa ha lo stesso valore di un'altra.

Se le due variabili di tipo stringa hanno lo stesso valore, chiamando il metodo equals() viene visualizzato il valore booleano true. In caso contrario, viene visualizzato false.

Poiché siamo italiani e non ha senso dire che la risposta è true, risolviamo questo problema.

```java
boolean valoreRisp =
risposta.equals("Boxe");
if (valoreRisp == true) {
    System.out.println("La tua risposta è
    vera");
}
```

```java
if (valoreRisp == false) {
    System.out.println("La tua risposta è
    falsa");
}
```

Come vedi, abbiamo assegnato il valore del confronto alla variabile valoreRisp e, successivamente, abbiamo confrontato il valore con true e false per stampare la frase appropriata. Abbiamo utilizzato anche un altro costrutto per comparare i valori ma lo vedremo nel dettaglio nel prossimo capitolo.

Può anche essere utile determinare la lunghezza di una stringa e puoi farlo con il metodo length().

Questo metodo funziona allo stesso modo del metodo equals(), a parte il fatto che è coinvolta solo una variabile di tipo stringa. Osserva il seguente esempio:

```
String citta = "Bologna";
int cittaLung = citta.length();
```

Questo esempio imposta cittaLung, una variabile intera con valore pari a 7. Il metodo length() conta il numero di caratteri nella variabile stringa denominata citta e memorizza questo conteggio nella variabile intera cittaLung.

Un altro compito comune quando si usano le stringhe è verificare se una stringa è contenuta all'interno di un'altra. Per effettuare questa verifica, usa il metodo indexOf() ed inserisci la stringa che stai cercando tra parentesi.

```
int posizione = testo.indexOf("Mi piace Bologna");
```

Se la stringa non viene trovata, indexOf() produce il valore -1 altrimenti indexOf() produce un numero intero che rappresenta la posizione in cui inizia la stringa. Le posizioni in una stringa sono numerate a partire da 0, che rappresenta il primo carattere nella stringa.

```
String testo = "Ho visitato Bologna e l'ho trovata stupenda. Mi piace Bologna e la sua cucina!";
int posizione = testo.indexOf("Mi piace Bologna");
System.out.println(posizione);
// 45
```

Se stai cercando una stringa all'interno di un'altra ma non ti interessa la posizione, il metodo contains() restituisce un valore booleano. Restituisce true se la stringa cercata viene trovata e false altrimenti.

Nota bene che i metodi indexOf() e contains() fanno distinzione tra maiuscole e minuscole, il che significa che cercano solo il testo in maiuscolo esattamente come la stringa di ricerca. Se la stringa contiene lo stesso testo ma in maiuscolo, indexOf() produce il valore −1 e contains() restituisce false.

# Capitolo 7
## Test condizionali

Quando si scrive un programma per computer, si fornisce al computer un elenco di istruzioni che vengono seguite alla lettera. Puoi dire al computer di elaborare alcune complesse formule matematiche e lui le risolverà.

Tuttavia, ci sono momenti in cui è necessario che il computer sia più selettivo su ciò che fa. Ad esempio, se hai scritto un programma per verificare il saldo del tuo conto corrente, è possibile che il computer visualizzi un avviso se il conto è stato chiuso. In caso contrario, il messaggio sarebbe inaccurato e addirittura sconvolgente.

Il modo per eseguire questa attività in un programma Java è utilizzare una **condizione**, un'istruzione che fa accadere qualcosa in un programma solo se viene soddisfatta una condizione specifica. Abbiamo già visto nel capitolo precedente come usare il condizionale if ma vedremo anche else e switch.

Quando un programma Java prende una decisione, lo fa impiegando un'**istruzione condizionale**. Puoi controllare la condizione nei tuoi programmi Java usando le parole chiave if, else, switch, case e break. Puoi anche usare gli operatori condizionali ==, !=, <, >, <=, >= e ?, insieme alle variabili booleane.

# if

Il modo più semplice per testare una condizione in Java è usando un'istruzione if. Questa istruzione verifica se una condizione è vera o falsa e agisce solo se la condizione è vera. Si utilizza if insieme alla condizione da testare, come nella seguente istruzione:

```java
long saldo = -450.00F;
if (saldo < 0) {
 System.out.println("Saldo negativo!");
}
```

L'istruzione if verifica se la variabile saldo è inferiore a 0 utilizzando l'operatore minore di (<). In tal caso, il blocco all'interno dell'istruzione if viene eseguito, visualizzando un messaggio. Il blocco viene eseguito perché la condizione è vera. Nell'esempio precedente, se la variabile saldo ha un valore pari o superiore a 0, l'istruzione println() è ignorata.

Si noti che la condizione testata deve essere racchiusa tra parentesi, come in (saldo < 0).

Puoi usare diversi tipi di operatori con cui eseguire il confronto, potresti verificare se il saldo è proprio pari a 0 (saldo == 0), se è diverso da 0 (saldo != 0), se maggiore di 500 (saldo > 500) ecc.

Presta sempre attenzione perché l'operatore utilizzato per condurre test di uguaglianza ha due segni uguali: (==). È facile confondere questo operatore con l'operatore (=), che viene utilizzato per assegnare un valore ad una variabile. Usa sempre due segni uguali in un'istruzione condizionale.

# if-else

Ci sono momenti in cui vuoi eseguire delle istruzioni se una condizione è vera ed eseguirne altre se la condizione è falsa. Puoi farlo usando l'istruzione else insieme all'istruzione if, che abbiamo già visto. Riprendiamo il codice del capitolo precedente:

```java
boolean valoreRisp =
risposta.equals("Boxe");


if (valoreRisp == true) {
    System.out.println("La tua risposta è
    vera");
}
else {
    System.out.println("La tua risposta è
    falsa");
}
```

L'istruzione else non ha una condizione da verificare, a differenza dell'istruzione if. Questo avviene perché l'istruzione else è abbinata all'istruzione if che la precede immediatamente.

In questo caso i valori restituiti dal metodo equals() sono soltanto due: true o false. Alla luce di ciò, se il valore restituito non è true, sarà necessariamente false quindi è corretto usare un blocco else.

È possibile anche usare più condizioni if o else if per verificare altre condizioni. Allo stesso modo si possono innestare dei blocchi if:

```java
if (val > 0) {
  System.out.println("Il valore è maggiore di 0");
} else if (val < 0) {
  System.out.println("Il valore è minore di 0");
```

```java
} else {
  System.out.println("Il valore è 0");
}
```

# switch

Le istruzioni if e else sono utili per situazioni con due possibili condizioni, ma ci sono momenti in cui ne hai più di due. Hai già visto che le istruzioni if e else possono essere concatenate per gestire diverse condizioni ma un modo più efficace è con l'istruzione switch, che può verificare una varietà di condizioni diverse ed eseguire azione di conseguenza.

Immaginiamo di avere un cantiere in corso e vogliamo mostrare dei messaggi in base al valore della percentuale sull'avanzamento dei lavori:

```java
int percentuale = 25;

switch (percentuale) {
 case 0:
 System.out.println("Non ancora iniziato.");
 break;
 case 25:
 System.out.println("Iniziato da poco");
 break;
 case 50:
 System.out.println("Siamo a metà!");
 break;
 case 75:
 System.out.println("Quasi completato!");
 break;
 case 100:
 System.out.println("Finito!");
 break;
 default:
 System.out.println("Verifica il cantiere");
}
```

Ogni istruzione case verifica la variabile di test nell'istruzione switch rispetto ad un valore specifico. Il valore utilizzato in un'istruzione case può essere un carattere, un numero intero o una stringa.

Nell'esempio precedente, ci sono diverse condizioni tutte di tipo numerico e ogni case ha due istruzioni che lo seguono. Quando una di queste istruzioni case corrisponde alla variabile valutata con switch, il computer esegue tutte le istruzioni dopo l'istruzione case fino a quando non incontra un'istruzione break.

In questo caso il risultato sarà:

Iniziato da poco

L'istruzione successiva è break, quindi non viene eseguita nessun'altra istruzione all'interno di switch. L'istruzione break dice al computer di uscire dal blocco switch. Ricorda di ponderare bene l'uso di break limitandolo a questi costrutti perché potrebbe portare a risultati indesiderati.

Queste parole chiave sono comunque preziose perché se non ci fossero, in questo esempio avresti ottenuto tutti i messaggi su console:

Iniziato da poco

Siamo a metà!

Quasi completato!

Finito!

Verifica il cantiere

L'istruzione default viene utilizzata come predefinita ovvero come se nessuna delle precedenti istruzioni case è vera. In questo esempio, prova a cambiare la percentuale con qualsiasi altro valore non previsto.

Non è necessario utilizzare un'istruzione default con il blocco switch ma è consigliato infatti quando viene omessa, non verrà eseguita nessuna azione se nessuna delle istruzioni case è stata verificata.

# Operatore ternario

L'istruzione condizionale più complicata in Java è l'operatore ternario contrassegnato dal simbolo ?. L'operatore ternario assegna un valore o visualizza un valore basandosi su una condizione. Ad esempio, considera un videogioco che imposta la variabile numeroNemici su uno dei due valori in base alla difficoltà. Puoi creare questo codice con un'istruzione if-else:

```
if (difficolta > 5) {
 numeroNemici = 20;
} else {
 numeroNemici = 10;
}
```

Lo stesso identico codice è possibile scriverlo con l'operatore ternario in modo molto più conciso e snello:

```
numeroNemici = difficolta > 5 ? 20 : 10;
```

Un'espressione ternaria è composta da cinque parti:

- Condizione da testare;
- Operatore (?);

- Valore da usare in caso la condizione sia vera;
- Due punti (:);
- Valore da usare in caso la condizione sia falsa.

L'operatore ternario può essere utile ma è anche il più difficile in Java per i principianti.

## Capitolo 8: Cicli

Da piccolo ero un bambino vivace quindi una delle punizioni più usate consisteva nel farmi scrivere diverse volte una frase, un po' come nei Simpsons. Questa punizione può funzionare con i bambini ma sarebbe completamente inutile per un computer.

Un computer può ripetere un'attività come questa con estrema facilità infatti i programmi sono ideali per fare sempre la stessa operazione a causa dei cicli. Un **ciclo** è un'istruzione o un blocco di istruzioni che si ripete in un programma.

Alcuni cicli vengono eseguiti un determinato numero di volte, altri possono essere infiniti. Esistono tre istruzioni di ciclo in Java: for, do-while e while. Potrai usare ognuno di questi in modo equivalente ma è utile imparare come funzionano tutti e tre. Spesso puoi semplificare una sezione del ciclo di un programma scegliendo quello più appropriato.

# for

Durante la programmazione trovi molte circostanze in cui un ciclo è utile. Puoi usarli per continuare a fare qualcosa più e più volte, ad esempio quando un antivirus effettua una scansione di tutti i file presenti nel computer. L'istruzione più complessa per creare dei cicli di Java è for, che **essenzialmente** ripeto una sezione di un programma un numero fisso di volte. La sua complessità è data dalla sua forma:

```java
for (int i = 0; i < 1000; i++) {
 if (i % 11 == 0) {
  System.out.println(i);
 }
}
```

Questo ciclo mostra ogni numero compreso tra 0 e 999 che è divisibile per 11. Un ciclo for ha una variabile che determina quando il ciclo deve iniziare e finire. Questa variabile è chiamata **contatore** (o indice). Il contatore nel ciclo precedente è la variabile i.

Un ciclo for è composto da tre parti tra parentesi che seguono la parola chiave for: inizializzazione, condizione e modifica del contatore. Queste sezioni sono separate dal punto e virgola (;).

L'esempio illustra queste tre sezioni:

- La sezione di inizializzazione: nella prima parte, alla variabile i viene assegnato un valore iniziale pari a 0;
- La sezione per la condizione: nella seconda parte, esiste un test condizionale come quello che potresti usare in un if: i < 1000;

- La sezione per la modifica del contatore: la terza parte è un'istruzione che modifica il valore della variabile i, in questo esempio utilizzando l'operatore di incremento.

Nella sezione di inizializzazione, si imposta la variabile contatore ed è possibile usare una variabile già esistente o creare la variabile nell'istruzione for, come nell'esempio precedente con la variabile i.

La seconda sezione contiene un test che deve rimanere vero affinché il ciclo possa continuare. Quando questa condizione diventa falsa, il ciclo termina. In questo esempio, il ciclo termina quando la variabile i è uguale o maggiore di 1000.

L'ultima sezione dell'istruzione for contiene un'istruzione che modifica il valore della variabile contatore. Questa istruzione viene eseguita ogni volta quindi ad ogni **iterazione**.

Il contatore deve cambiare in qualche modo altrimenti il ciclo non finirebbe mai. Nell'esempio, i viene incrementata di un'unità nella sezione di modifica del valore. Se non cambiasse, rimarrebbe al suo valore originale di 0 e la condizione i<1000 sarebbe sempre vera.

## while

Il ciclo while è più semplice di un ciclo for, l'unica cosa di cui ha bisogno è una condizione che accompagni l'istruzione while. Creiamo lo stesso codice precedente usando un while:

```
int i = 0;
while (i < 1000) {
  if (i % 11 == 0) {
```

```java
  System.out.println(i);
}
 i++;
}
```

Questo ciclo continua a ripetersi fino a quando la variabile i non è più minore di 1000. L'istruzione while verifica la condizione all'inizio del ciclo prima di eseguire qualunque istruzione nel ciclo.

Quando il programma incontra un ciclo while, se la condizione è falsa, le istruzioni all'interno del ciclo vengono ignorate. Se la condizione while è vera, il ciclo viene eseguito una volta e verifica nuovamente la condizione while. Se la condizione testata non cambia mai all'interno del ciclo, si creerà un ciclo infinito.

# do-while

Il ciclo do-while è simile al ciclo while ma la verifica della condizione viene eseguita alla fine quindi le istruzioni vengono eseguite almeno una volta. Creiamo lo stesso codice precedente usando un do-while:

```java
int i = 0;
do {
 if (i % 11 == 0) {
  System.out.println(i);
 }
 i++;
} while (i < 1000);
```

Come per il ciclo while, questo ciclo continua fino a quando la variabile i è pari o superiore a 1000. Il ciclo do-while è diverso perché il test condizionale viene eseguito dopo le istruzioni all'interno del ciclo, anziché prima di esse.

Quando viene raggiunto il blocco do per la prima volta durante l'esecuzione di un programma, le istruzioni tra il do e while vengono eseguite automaticamente, successivamente viene testata la condizione while per determinare se il ciclo deve essere ripetuto.

Se la condizione while è vera, il ciclo viene ripetuto ancora una volta; se la condizione è falsa, il ciclo termina. Qualcosa deve accadere all'interno delle istruzioni do e while affinché la condizione testata con while restituisca false, altrimenti il ciclo continuerà infinitamente.

È importante ricordare che le istruzioni all'interno di un ciclo do-while vengono sempre eseguite almeno una volta.

# break e continue

Il classico modo per uscire da un ciclo è che la condizione testata diventi falsa e questo è vero per tutti e tre i tipi di cicli in Java.

Tuttavia, ci sono dei momenti in cui vuoi che un ciclo termini immediatamente, anche se la condizione da testare è ancora vera.

Puoi farlo con l'istruzione break, come mostrato:

```java
int i = 0;
while (i <= 1000) {
 i = i + 5;
 if (i == 400) break;
}
```

Un'istruzione break termina il ciclo che contiene l'istruzione. In questo esempio, il while è progettato per eseguire il ciclo fino a quando la variabile i è minore di 1000, tuttavia, un caso speciale fa in modo che il ciclo termini prima. Se il valore di i è uguale a 400, viene eseguita l'istruzione break, che termina immediatamente il ciclo. All'uscita di questo ciclo il valore di i è esattamente 400.

Un'altra istruzione speciale che è possibile utilizzare all'interno di un ciclo è continue. L'istruzione continue fa sì che il ciclo esca dall'iterazione corrente passando all'elemento successivo. Vediamo come usarlo:

```java
int i = 0;
while (i <= 1000) {
 i = i + 100;
 if (i == 400) continue;
 System.out.println("Il valore di i è " + i);
}
```

L'output di questo programma è il seguente:

Il valore di i è 100

Il valore di i è 200

Il valore di i è 300

Il valore di i è 500

Il valore di i è 600

Il valore di i è 700

Il valore di i è 800

Il valore di i è 900

Il valore di i è 1000

Il valore di i è 1100

All'interno di questo ciclo, le istruzioni vengono eseguite normalmente a meno che il valore della variabile i non sia uguale a 400. In tal caso, l'istruzione continue fa ritornare il ciclo all'istruzione while anziché procedere normalmente con l'istruzione System.out.println().

A causa dell'istruzione continue, il ciclo non visualizza mai il seguente testo:

Il valore di i è 400

È possibile utilizzare le istruzioni break e continue con tutti e tre i tipi di cicli.

# Capitolo 9
## Array

Un array è un gruppo di variabili correlate che condividono lo stesso tipo. Qualsiasi tipo di informazione che può essere memorizzata come variabile può essere memorizzata come elemento in un array.

Gli array possono essere utilizzati per tenere traccia di tipi di informazioni più sofisticati rispetto a una singola variabile ma sono altrettanto facili da creare e manipolare. In sostanza si tratta di variabili raggruppate sotto un nome comune.

Come le variabili, gli array vengono creati dichiarando il tipo di variabile e il nome. Una coppia di parentesi quadre ([]) segue il tipo per distinguerli dalle variabili. È possibile creare array per qualsiasi tipo di informazione che può essere memorizzata come variabile. La seguente istruzione crea un array di variabili di tipo stringa:

```
String[] nomi;
```

Ecco due istruzioni che creano rispettivamente array di numeri interi e valori booleani:

```
int[] voti;
boolean[] presenze;
```

Negli esempi precedenti abbiamo creato variabili per contenere array ma non memorizzano alcun valore. Per memorizzare dei valori, è possibile utilizzare la parola chiave new insieme al tipo di variabile o archiviare i valori nell'array tra parentesi graffe.

Quando si utilizza new, è necessario specificare quanti oggetti diversi saranno memorizzati nell'array. Ogni oggetto in un array è chiamato **elemento**. La seguente istruzione crea un array e alloca lo spazio per i valori che contiene:

```
int[] voti = new int[200];
```

Questo esempio crea un array di numeri interi chiamati voti. L'array ha 200 elementi che possono memorizzare i voti in matematica di tutti gli studenti di un istituto.

Quando si crea un array con l'istruzione new, è necessario specificare il numero di elementi. A ciascun elemento dell'array viene assegnato un valore iniziale che dipende dal tipo dell'array.

Tutti gli array numerici hanno come valore iniziale 0, gli array di caratteri sono inizializzati con "\0" e gli array booleani hanno il valore false. Un array di tipo String e tutti gli altri oggetti vengono creati con il valore iniziale null.

Per array che non sono estremamente grandi, è possibile impostare i loro valori iniziali nel momento della creazione. L'esempio seguente crea un array di stringhe ed assegna i valori iniziali:

```
String[] nomi = {"Antonio", "Bea", "Filippo", "Marco", "Vincenzo"};
```

Le informazioni che devono essere archiviate negli elementi dell'array vengono inserite tra parentesi graffe ({) e (}) con virgole che separano ciascun elemento. Il numero di elementi nell'array è impostato dal numero di elementi presenti nell'elenco e separati da virgole.

Gli elementi dell'array sono numerati, a partire da 0 che indica il primo elemento. È possibile accedere ad un elemento specifico facendo riferimento a questo numero tra parentesi quadre ([) e (]).

L'istruzione precedente può essere riscritta con il seguente codice:

```java
String[] nomi = new String[5];
nomi[0] = "Antonio";
nomi[1] = "Bea";
nomi[2] = "Filippo";
nomi[3] = "Marco";
nomi[4] = "Vincenzo";
```

Ogni elemento dell'array deve essere dello stesso tipo. In questo caso, viene utilizzata una stringa per contenere il nome dei membri di una squadra. Dopo aver creato l'array, non è più possibile creare elementi. Il compilatore Java non consentirà l'accesso ad altri elementi perché è stato riservato uno spazio di memoria solo per cinque elementi in questo caso.

Possiamo verificare quanto esposto inserendo un altro elemento all'array:

```
nomi[5] = "Mirko";
```

Proviamo ad eseguire il programma e otterremo il seguente errore:

```
Exception in thread "main"
java.lang.ArrayIndexOutOfBoundsException:
Index 5 out of bounds for length 5
    at Main.main(Main.java:9)
exit status 1
```

La parola "eccezione" è un sinonimo di errore nei programmi Java.

In questo caso, il compilatore ci sta informando che siamo andati oltre la dimensione prestabilita per l'array quindi l'indice 5 per questo array non è valido.

Se si desidera controllare il limite superiore di un array in modo da evitare un'eccezione di questo tipo, possiamo usare la variabile chiamata length che è associata ad ogni array. Questa variabile è un numero intero che è pari al numero di elementi contenuti in un array. L'esempio seguente crea un array e ne riporta la lunghezza:

```java
String[] nomi = {"Antonio", "Bea", "Filippo", "Marco", "Vincenzo"};

System.out.println("Ci sono " + nomi.length + " nomi nell'array.");
```

In questo caso il risultato sarà:

Ci sono 5 nomi nell'array.

Puoi lavorare con il testo in Java usando una stringa o un array di caratteri. Quando lavori con le stringhe, può essere utile inserire ogni carattere di una stringa come elemento di un array di caratteri. Per fare ciò, puoi invocare il metodo toCharArray() della stringa, che produce un array di caratteri con lo stesso numero di elementi della lunghezza della stringa.

Vediamo un esempio con questo metodo per inserire due spazi tra ogni parola del testo:

```java
String testo = "Ho visitato Bologna e l'ho trovata stupenda. Mi piace Bologna e la sua cucina!";
char[] arr = testo.toCharArray();
```

```java
for (int i = 0; i < arr.length; i++) {
 char corrente = arr[i];
 if (corrente != ' ') System.out.print(corrente);
 else System.out.print("  ");
}

System.out.println();
```

In questo esempio iteriamo sugli elementi dell'array restituito dalla funzione toCharArray() e lo confrontiamo con il carattere "spazio vuoto". Se il valore corrente non è uno spazio vuoto lo scriviamo sulla console di output, altrimenti scriviamo una stringa contenente due spazi vuoti nella console di output.

Potremmo utilizzare l'operatore ternario per semplificare ulteriormente questo blocco if-else:

```java
String testo = "Ho visitato Bologna e l'ho
trovata stupenda. Mi piace Bologna e la sua
cucina!";
char[] arr = testo.toCharArray();

for (int i = 0; i < arr.length; i++) {
 char corrente = arr[i];
 System.out.print(corrente != ' ' ? corrente : "
");
}


System.out.println();
```

# Array multidimensionali

Gli array visti sino ad ora hanno tutti una sola
dimensione quindi è possibile recuperare un
elemento utilizzando un singolo numero.

Alcuni tipi di informazioni richiedono più dimensioni per essere archiviate come array, ad esempio i punti in un sistema di coordinate (x, y). Una dimensione dell'array può memorizzare la coordinata x e l'altra dimensione può memorizzare la coordinata y.

Per creare un array con due dimensioni, è necessario utilizzare un altro paio di parentesi quadre durante la creazione e l'utilizzo dell'array.

Supponiamo di voler creare una griglia per il gioco della dama in Java:

```java
String[][] griglia = new String[8][8];


//Inizializziamo ogni cella
for (int i = 0; i < 8; i++) {
 for (int j = 0; j < 8; j++) {
  griglia[i][j] = " ";
 }
}
```

```java
}

//Inizializziamo le celle con pedine bianche
for (int i = 0; i < 2; i++) {
 for (int j = 0; j < 8; j++) {
  griglia[i][j] = "B";
 }
}


//Inizializziamo le celle con pedine nore
for (int i = 6; i < 8; i++) {
 for (int j = 0; j < 8; j++) {
  griglia[i][j] = "N";
 }
}


//Mostro la griglia
for (int i = 0; i < 8; i++) {
 for (int j = 0; j < 8; j++) {
  System.out.print(griglia[i][j] + " ");
 }
```

```java
 System.out.println();
}
```

Il risultato di questo codice è una schiera di pedine bianche da una parte e una schiera di pedine nere dall'altra:

```
B B B B B B B

B B B B B B B
```

```
N N N N N N N

N N N N N N N
```

L'uso di array multidimensionali segue gli standard visti finora per le variabili e gli array ma possono risultare leggermente più complessi, tuttavia, con la pratica vedrai che ben presto saprai usarli in modo eccellente.

# Conclusioni

Dopo aver finito questo e-book, potresti chiederti dove o come migliorare le tue capacità di programmazione in Java. In realtà questo e-book è solo un'introduzione al mondo di Java e puoi usare altri e-book, libri, forum su Internet, corsi on-line e altre risorse per espandere le tue conoscenze su Java.

Però ricorda con quanta paura o timore ti sei approcciato a questo e-book, probabilmente non immaginavi nemmeno che il tuo computer potesse trovare tutti i numeri divisibili per 11 in pochi secondi. Programmare in Java è molto più semplice di quanto sembri, non dovrei dirtelo perché migliaia di programmatori hanno usato le loro abilità Java per ottenere lavori ben pagati nello sviluppo di software, nella programmazione di server o nella creazione di app Android.

Ben presto, e con molta pratica, diventerai un bravo programmatore Java infatti chiunque può imparare a scrivere programmi per computer. Ricorda, però, che Java è solo uno dei linguaggi di programmazione da imparare. Molti lo preferiscono perché è un linguaggio utile, potente e moderno che viene utilizzato dalle aziende di tutto il mondo.

Utilizza sempre l'ultima versione disponibile di Java e cerca di essere sempre aggiornato sulle novità e su cosa è cambiato dall'ultima versione.

Prova a creare dei programmi che dispongono di un'interfaccia utente grafica, prova a sviluppare servizi Web, crea app Android o altro ancora. Per curiosità sappi che il videogioco Minecraft, che ha avuto un notevole successo, è interamente scritto in Java.

In questo e-book ti ho insegnato la programmazione Java da zero ma sono fiducioso nelle tue capacità e so che proseguirai per saperne sempre di più.

Come già detto il miglior modo per apprendere è la pratica quindi immagina un progetto e mettilo in opera, qualunque cosa sia purché sia realizzabile con un computer. Non hai bisogno di un computer ultrapotente per sviluppare, non hai bisogno di laboratori o altri apparecchi. Puoi sviluppare di giorno, di notte, nel tempo libero, l'essenziale è imparare il linguaggio e se dovessi accorgerti che proprio non ti piace, potrai sempre passare ad un altro linguaggio.

Continua ad impegnarti e vedrai che ben presto il tuo progetto sarà realtà!